BEI GRIN MACHT SICH IHR WISSEN BEZAHLT

Das Nervensystem, Hormonsystem und Prinzip von Neurofeedback

Anja Warta

Bibliografische Information der Deutschen Nationalbibliothek:

Die Deutsche Nationalbibliothek verzeichnet diese Publikation in der Deutschen Nationalbibliografie; detaillierte bibliografische Daten sind im Internet über http://dnb.d-nb.de abrufbar.

ISBN: 9783346782267
Dieses Buch ist auch als E-Book erhältlich.

© GRIN Publishing GmbH
Nymphenburger Straße 86
80636 München

Druck und Bindung: Books on Demand GmbH, Norderstedt Germany
Gedruckt auf säurefreiem Papier aus verantwortungsvollen Quellen

Das vorliegende Werk wurde sorgfältig erarbeitet. Dennoch übernehmen Autoren und Verlag für die Richtigkeit von Angaben, Hinweisen, Links und Ratschlägen sowie eventuelle Druckfehler keine Haftung.

Das Buch bei GRIN: https://www.grin.com/document/1306741

Einsendeaufgabe

Biologische Psychologie

Sonderprüfung

Abgegeben am 01.10.2021 per Online-Einsendung

SRH Fernhochschule - The Mobile University

Modul: Biologische Psychologie

Studiengang: B.Sc. Psychologie

Von

Anja Warta

Studiengang: B.Sc. Psychologie

Inhaltsverzeichnis

Abkürzungsverzeichnis

Abb.	Abbildung
ACTH	Adrenocorticotropin
ADH	Adiuretin
ADHS	Aufmerksamkeitsdefizit-/ Hyperaktivitätsstörung
ANS	autonomes Nervensystem
Aufl.	Auflage
BCI	brain computer interface
EEG	Elektroenzephalographie
EKG	Elektrokardiogramm
EMG	Elektromyogramm
engl.	englisch
etc.	et cetera
FSH	Follikel-stimulierendes Hormon
GH	growth hormone
griech.	griechisch
NF	Neurofeedback
NS	Nervensystem
OXT	Oxytocin
PNS	peripheres Nervensystem
PRL	Prolaktin
S.	Seite
SMR	sensomotorischer Rhythmus
SN	somatisches Nervensystem
STH	Somatotropin
Vgl.	vergleiche
VNS	vegetatives Nervensystem
z.B.	zum Beispiel
ZNS	zentrales Nervensystem

Abbildungsverzeichnis

Anlagenverzeichnis

Teilaufgabe 1

In der ersten Teilaufgabe wird zum besseren Verständnis zuerst kurz der allgemeine Aufbau des menschlichen Nervensystems erläutert. Danach wird explizit auf das zentrale Nervensystem und das periphere Nervensystem eingegangen sowie Unterschiede dessen beschrieben.

1.1 Allgemeiner Aufbau des menschlichen Nervensystems (NS)

Das Nervensystem dient als Informationssystem und ist zuständig für die Codierung, Speicherung und Verarbeitung von sämtlichen Informationen aus der Umwelt. Weiters werden dadurch das Verhalten und die Physiologie gesteuert. Nervensysteme bestehen aus Milliarden Neuronen (Nervenzellen), welche wiederum die Nervenfasern und das Gehirn bilden. Wirbeltiere weisen außerdem einen einzigartigen Zelltyp, die **Gliazellen,** auf. (Stützzellen) Während die verschiedenen Neuronentypen elektrische Signale weiterleiten, so sind die Gliazellen beispielsweise für die Unterstützung der Neuronen oder für die Immunabwehr im Nervensystem zuständig. [1]

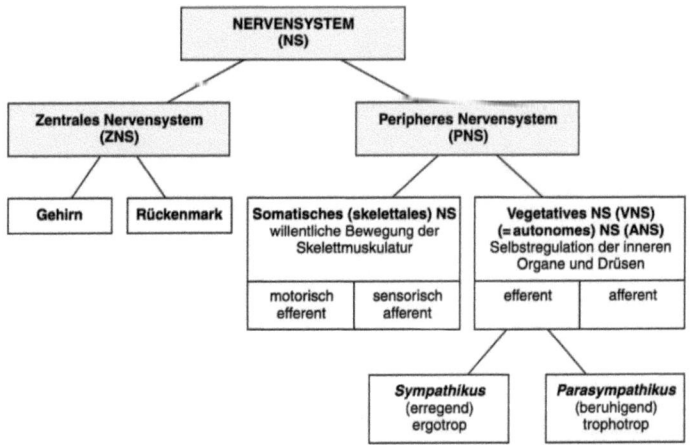

Abb. 1: Aufbau des Nervensystems (Quelle: Becker-Carus/ Wendt, 2017, S. 34)

---

[1] Vgl. *Sadava* (2019), S. 1346

Das menschliche Nervensystem weist sowohl Zellverbände, welche auf äußere Reize der Umwelt reagieren auf, als auch Strukturen, die Organe, Muskelgewebe, Drüsen und viel mehr miteinander verbinden. [2]

Allgemein wird das Nervensystem in zwei Hauptbereiche gegliedert: das **zentrale Nervensystem** (ZNS) und das **periphere Nervensystem** (PNS). Im Folgenden wird nun genauer auf diese zwei Hauptbereiche eingegangen.

1.2 Das zentrale Nervensystem (ZNS)

Das ZNS besteht aus dem **Gehirn** und dem **Rückenmark** und stellt die umfassende, zentrale Steuerinstanz unseres Körpers und dessen Funktionen dar. Die restlichen Nervenfasern des Körpers werden alle dem peripheren Nervensystem zugeteilt. Das Rückenmark befindet sich innerhalb eines Hohlraumes der Wirbelsäule und verbindet das Gehirn mit dem peripheren Nervensystem. Weiters koordiniert es einfache, reflektorische Aktivitäten der linken und rechten Körperhälfte. Die Aufgaben des zentralen Nervensystems liegen in der Integration und Koordination aller körperlichen Funktionen. Ebenfalls ist es zuständig für die Verarbeitung von empfangenen Informationen und die anschließende Entsendung von Befehlen in die entsprechenden Regionen des Körpers. Auch die Regulation von innerorganischen Abstimmungsvorgängen wird durch das ZNS geregelt. Wurden die Nerven des Rückenmarks beispielsweise durch einen Unfall beschädigt, so kann dies zu Lähmungen führen (z.B. Querschnittslähmung). Dabei gilt: je weiter oben das Rückenmark beschädigt wurde, desto größer ist das Ausmaß der Lähmung.

Da das ZNS über keinen Direktkontakt mit der Außenwelt verfügt, ist es die Aufgabe des PNS, das zentrale Nervensystem mit Informationen aus den Sinnesrezeptoren zu versorgen. Generell lässt sich auch feststellen, dass eine starre Abgrenzung der Nervenzellen zwischen dem ZNS und dem PNS nicht wirklich sinnvoll ist, da sich die Neuronen meist über beide Nervensysteme erstrecken. Beispielsweise haben viele Neuronen ihren Zellkörper in einem der Nervensysteme (z.B. im ZNS), die Fortsätze ziehen sich aber bis in das andere Nervensystem. (PNS) [3]

---

[2] Vgl. *Margraf/ Schneider* (2018), S. 53
[3] *Gerrig* (2015), S. 92-93; *Karim/ Eck* (2015), S. 25; *Von der Assen* (2016), S. 80

1.3 Das periphere Nervensystem (PNS)

Das periphere Nervensystem besteht aus den **Spinalnerven**, welche mit dem Rückenmark verbunden sind, den **Hirnnerven**, welche mit dem Gehirn verbunden sind, dem **autonomen Nervensystem** sowie dem **Darmnervensystem**. Es beinhaltet sowohl das Netzwerk der sensorischen als auch der motorischen Neuronen, welche die Verbindung zwischen dem ZNS und dem PNS (Organe, Muskeln etc.) herstellen. Weiters umfasst das PNS zwei Arten von Nervenfasern und wird daher wiederum in das *somatische Nervensystem* und das *autonome Nervensystem* unterteilt. [4] Diese werden nun im weiteren Verlauf dieser Arbeit ausführlicher beleuchtet.

1.3.1 Das somatische Nervensystem (SN)

Das somatische Nervensystem, oder auch animalisches/ skelettales Nervensystem genannt, ist zuständig für die Interaktion mit der Umwelt. Genauer gesagt reguliert dieser Teil in seinem efferenten Anteil die Aktivität der Skelettmuskulatur. In seinem afferenten Anteil überträgt das SN bewusst wahrgenommene Informationen von den Sinnesorganen und den Körperzellen zum Gehirn. Afferente Nerven führen zum ZNS hin und werden in **somatische** Afferenzen (kommen von Gelenken, Haut, Skelettmuskeln) und **viszerale** Afferenzen (kommen von Eingeweiden) eingeteilt. Efferente Nerven führen vom ZNS weg, man unterscheidet zwischen **motorischen** Efferenzen (führen zu Skelettmuskeln) und **vegetativen** Efferenzen (führen zu Drüsen, glatten Muskeln, Herzmuskeln). Das somatische Nervensystem wird somit willkürlich und bewusst vom Menschen gesteuert.

Beispiel: Eine Person möchte am Laptop eine Arbeit schreiben. Sobald die Person weiß, was genau sie schreiben möchte, sendet das Gehirn die entsprechenden Anweisungen an die Finger, welche Tasten betätigt werden müssen. Die Finger senden wiederum eine Rückmeldung über ihre Bewegung und Position an das Gehirn zurück. Wird beispielsweise eine falsche Taste gedrückt, so informiert das SN das Gehirn, die notwendige Ausbesserung vorzunehmen. [5]

---

[4] Vgl. *Von der Assen* (2016), S. 80
[5] *Becker-Carus/ Wendt* (2017), S. 43-44; *Gerrig* (2015), S. 93; *Schmithüsen* (2015), S. 164

1.3.2 Das vegetative Nervensystem (VNS)

Das VNS wird auch als autonomes Nervensystem (ANS) bezeichnet und wird im Gegensatz zum somatischen Nervensystem unbewusst kontrolliert. Es überwacht rund um die Uhr (z.b. auch während des Schlafens, einer Narkose oder im Koma) grundlegende Lebensfunktionen und reguliert diese. Beispiele dafür sind die Atmung, das Erregungsniveau oder die Verdauung. Eine weitere essenzielle Aufgabe des VNS ist die Aufrechterhaltung der Balance und des Gleichgewichts des "inneren Milieus", um optimale Arbeitsbedingungen zu schaffen. Es existieren unzählige sogenannte Rückmeldeschleifen, welche das Gehirn über den Ist-Zustand des Körpers informieren. Daraufhin können die Regulationszentren entsprechend reagieren und regulierend entgegenwirken. Das mit Abstand wichtigste Regulationszentrum der vegetativen Steuerung im Gehirn ist der **Hypothalamus.** Dieser ist verantwortlich für die Funktion der inneren Organe und somit für die Anpassung vegetativer Funktionen. [6]

Weiters lässt sich feststellen, dass das vegetative Nervensystem für zwei Arten von überlebenswichtigen Situationen zuständig ist: einerseits für Situationen, die den Organismus bedrohen und andererseits für jene, die zur Erhaltung des Organismus beitragen. Daher wird das autonome Nervensystem abermals in drei Subsysteme unterteilt: in das **sympathische** und **parasympathische Nervensystem** sowie das **Darmnervensystem.** Das sympathische- und das parasympathische Nervensystem arbeiten komplementär. Zwar steuern sie dieselben Organe an, haben auf diese aber meist eine antagonistische (unterschiedliche) Wirkung. Es gibt jedoch auch ein paar Ausnahmen dieses Prinzips. Die Systeme arbeiten für gewöhnlich in einem **funktionellen Synergismus.** Dies bedeutet, dass das Herunterfahren eines Systems oftmals mit dem Herunterfahren eines anderen Systems einhergeht. Wie die Wirkung der beiden Systeme auf bestimmte Regionen unseres Körpers aussehen kann, wird nun in der nachstehenden Grafik veranschaulicht.

Das links abgebildete, parasympathische Nervensystem (=**Parasympathikus**) überwacht interne Routinefunktionen des Körpers und das Verhalten im Alltag. Der sympathische Teil (=**Sympathikus**), welcher rechts dargestellt ist, regelt Reaktionen und interne Prozesse in Notfall- oder Stresssituationen. [7]

---

[6] Vgl. *Herbert* (2017), S. 10-11
[7] *Gerrig* (2015), S. 94-95; *Herbert* (2017), S. 11-12; *Schmithüsen* (2015), S. 170-171

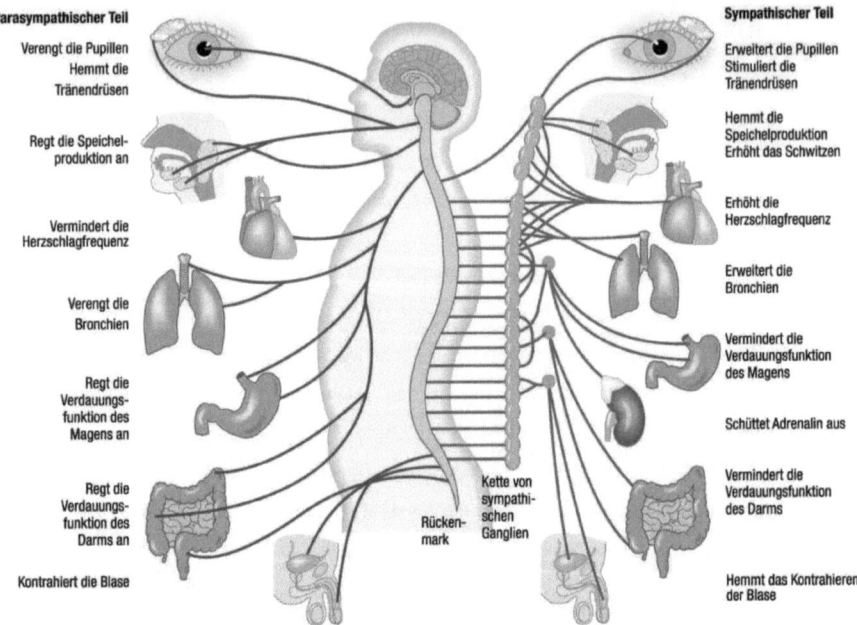

Parasympathischer Teil

Verengt die Pupillen
Hemmt die
Tränendrüsen

Regt die Speichel-
produktion an

Vermindert die
Herzschlagfrequenz

Verengt die
Bronchien

Regt die
Verdauungs-
funktion des
Magens an

Regt die
Verdauungs-
funktion des
Darms an

Kontrahiert die Blase

Sympathischer Teil

Erweitert die Pupillen
Stimuliert die
Tränendrüsen

Hemmt die
Speichelproduktion
Erhöht das Schwitzen

Erhöht die
Herzschlagfrequenz

Erweitert die
Bronchien

Vermindert die
Verdauungsfunktion
des Magens

Schüttet Adrenalin aus

Vermindert die
Verdauungsfunktion
des Darms

Hemmt das Kontrahieren
der Blase

Kette von
sympathi-
schen
Ganglien

Rücken-
mark

Abb. 2: Das autonome Nervensystem (Quelle: Gerrig, 2015, S. 94)

Der Sympathikus

Der Sympathikus wird auch als thorakolumbales System bezeichnet, da er aus den oberen Segmenten des Lendenmarks und dem Brustmark entspringt. Er besteht aus zwei Reihen von Ganglien (=knotenförmige Ansammlung von Nervenzellen) zu beiden Seiten der Wirbelsäule. Es führen Nervenbahnen zu den Eingeweiden des Bauches und der Brusthöhle. Dazu ist der Sympathikus über das Rückenmark mit dem Gehirn verbunden. [8] Bei emotionaler Erregung trägt dieser die Aufgabe, für eine gleichzeitige Stimulierung, Mobilisierung und Aktivierung der Leistungsressourcen und Energie zu sorgen. Dies bedeutet, er bereitet den Organismus in Krisensituationen darauf vor, eine Bedrohung entweder zu bekämpfen oder davor zu fliehen. ("**flight-flight-Reaktion**") Dadurch wird der Mensch in den Zustand höchster Leistungsfähigkeit versetzt. Der Sympathikus wird deswegen auch als *"Krisenbeauftragter"* unseres Körpers bezeichnet.

---

[8] Vgl. *Von der Assen* (2016), S. 80

Das sympathische Nervensystem ist **ergotrop**, was so viel bedeutet wie auf Arbeit ausgerichtet zu sein. Dabei kommt es oft zur Erhöhung des Blutdrucks, Beschleunigung des Herzschlages, Zunahme der Schweißproduktion etc. Das parasympathische System jedoch bewirkt das genaue Gegenteil. [9]

Der Parasympathikus

In Opposition zum Sympathikus regelt der Parasympathikus den Normalbetrieb des Körpers und ist für die "häuslichen Pflichten", wie beispielsweise die Beseitigung von Abfallstoffen oder den Schutz des visuellen Systems zuständig. Dazu versorgt er den Körper auf Langzeit mit Energie. [10] Der Parasympathikus entspringt aus dem Gehirn und dem Rückenmark und wird daher auch als kraniosakrales System bezeichnet. Ein großflächiger Teil setzt sich aus einem Gehirnnerv und dessen Verzweigungen zusammen. Das parasympathische Nervensystem ist **trophotrop** und dient der Regeneration, Ruhe und Entspannung. Dies sorgt beispielsweise für eine Senkung des Pulses, Absenkung des Blutzuckerspiegels, Beruhigung der Atmung oder führt zur Förderung der Verdauung und Nierentätigkeit. [11]

Das Darmnervensystem

Das Darmnervensystem wird auch als **intramurales** oder **enterisches** Nervensystem bezeichnet und besteht aus einer Ansammlung von motorischen und sensorischen Nervenzellen, welche miteinander verbunden sind. Es wird vom Sympathikus und dem Parasympathikus beeinflusst und steuert die Funktion des Magen-Darm-Traktes sowie der Speiseröhre. Im Verdauungstrakt wird die Muskulatur der Darmwände angeregt, währenddessen in der Bauchspeicheldrüse und der Leber Sekretionsprozesse reguliert werden. Modulierende Einflüsse wirken auf Magen und Darm hemmend, parasympathische Einflüsse hingegen aktivierend. Die bedeutendste Aufgabe des Darmnervensystems ist die Steuerung jener Bewegungen, die den Transport der Nahrung gewährleisten.[12]

---

[9] *Becker-Carus/ Wendt* (2017), S. 44; *Brandes/ Lang/ Schmidt* (2019), S. 880
[10] Vgl. *Gerrig* (2015), S. 95
[11] *Brandes/ Lang/ Schmidt* (2019), S. 880; *Herbert* (2017), S. 12; *Von der Assen* (2016), S. 80
[12] *Herbert* (2017), S. 12; *Von der Assen* (2016), S. 81

Teilaufgabe 2

Die zweite Teilaufgabe behandelt das Thema Hormone. Um einen ersten Überblick zu verschaffen, wird zuerst beschrieben, was Hormone sind und welche Funktion ihnen zugeschrieben wird. Danach konzentriert sich dieser Teil der Arbeit auf vier ausgewählte Hormone, welche von der Hypophyse ausgeschüttet werden. Diese werden daraufhin explizit charakterisiert.

2.1 Das endokrine System (Hormonsystem)

Um das Nervensystem zu unterstützen, besitzt der Mensch ein zweites, komplexes Regulationssystem- das endokrine System. Das endokrine System bezeichnet die Gesamtheit aller zusammenwirkenden endokrinen Hormondrüsen. Es dient dem Austausch zwischen Körper und Gehirn sowie der Koordination diverser Organsysteme. Das endokrine System ist neben dem Nervensystem das zweitgrößte Kommunikationssystem und besteht aus einem Netzwerk von Drüsen, welches **Hormone** (Botenstoffe) **bildet** und anschließend ans Blut absondert. Hormone sind in manchen Lebensphasen besonders wichtig und besitzen eine große Reihe an Aufgaben und Funktionen wie zum Beispiel die Entwicklung der primären und sekundären Geschlechtsmerkmale oder die Regulation des Stoffwechsels. Außerdem beeinflussen sie unser Bewusstsein, das Erregungsniveau und dienen als Basis für Stimmungsschwankungen. Ein gut funktionierendes endokrines System ist für das Überleben des Menschen unabdinglich. Es reguliert beispielsweise auch den Stoffwechsel, Wasser- und Salzhaushalt, das Wachstum und den Energieverbrauch. Auch an der Kontrolle und Aktivierung von Motivation, Emotion, Sexualität oder Stressreaktion ist es integriert. Der **Hypothalamus** stellt dabei die Schaltstelle zwischen dem zentralen Nervensystem und dem endokrinen System dar. [13]

2.2 Hormone

Hormone (griech. *hormon = b*ewegen, in Gang setzen) sind wie bereits erwähnt chemische Botenstoffe, welche vor allem von den endokrinen Drüsen (griech. *endo =* nach innen; *krinein =* ausschütten) produziert werden.

---

[13] *Ehlert* (2016), S. 23-24; *Gerrig* (2015), S. 102

Mithilfe des Blutkreislaufes werden diese danach durch den Körper transportiert und gelangen so zu den verschiedensten Regionen dessen. Dort lösen sie unterschiedliche Effekte aus und steuern zum Beispiel das Wachstum oder den Stoffwechsel. [14] Im Gegensatz zu Veränderungen im zentralen Nervensystem, welche nur innerhalb weniger Sekunden erfolgen, wirken Hormone über Minuten, Stunden und Tage und somit über einen längeren Zeitraum. Ebenfalls zu erwähnen ist, dass Hormone oftmals mehr als nur eine Funktion erfüllen. Hormone sind unter Anderem zuständig für:

- die Entwicklung und Reifung des Körpers
- die Aufrechterhaltung lebenswichtiger Fließgleichgewichtsprozessen
- die Aktivität von peripheren Zellen und Neuronen
- die Reproduktionsfähigkeit

Bei einer kurzfristigen Überlastung des Körpers durch Stress oder anderen Überlastungen kommt es zu einer konzentrierten Reaktion der hormonproduzierenden Drüsen. So wird der Körper vor schädlichen Veränderungen des inneren Milieus geschützt. Besteht dieser Ausnahmezustand einer Über- oder Unterproduktion von Hormonen über einen längeren Zeitraum hinweg, so kann dies zur Entwicklung verschiedenster Krankheiten beitragen. Sowohl im Normalbetrieb als auch während eines Ausnahmezustandes ist das Hormonsystem eng mit dem Nerven- und dem Immunsystem verbunden. [15] Liegt die Störung der Hormonausschüttung bei den hormonproduzierenden Zellen, so spricht man von einer primären Störung. Liegt die Störung inadäquater Stimulation zu Folge, bezeichnet man dies als sekundäre Störung. Ein Ausfall an Hormonen wie zum Beispiel des Insulins kann drastische Folgen haben. (z.B. Diabetes mellitus) Manche Hormone können jedoch substituiert werden. Hormone werden also für die Behandlung nicht-endokriner Erkrankungen als Medikamente eingesetzt. [16]

Hormone werden grundsätzlich anhand der chemischen Struktur in **Aminhormone**, **Proteinhormone** (Peptidhormone) und **Steroidhormone** eingeteilt.

---

[14] Vgl. *Becker-Carus/ Wendt* (2017), S. 45-46
[15] Vgl. *Hoyer/Knappe* (2020), S. 224-225
[16] Vgl. *Brandes/ Lang/ Schmidt* (2019), S. 916

Als Hauptdüse dient die **Hypophyse** (Hirnanhangsdrüse), diese wird vom Hypothalamus gesteuert. Die Hypophyse schüttet eine Vielzahl unterschiedlicher Hormone aus. Beispiele dafür sind: Oxytozin, Vasopressin, Prolaktin, Wachstumshormon, Orexine, Adrenocorticotropin (ACTH), β-Endorphin, Follikel-stimulierendes Hormon (FSH) und einige weitere.

Im Nächsten Abschnitt wird explizit auf vier Hormone eingegangen, welche von der Hypophyse ausgeschüttet werden. Eine Übersicht über weitere Hormone ist aus dem Anhang auf Seite 21 zu entnehmen. [17]

2.2.1 Oxytocin (OXT)

Oxytocin wirkt direkt im ZNS, es hat eine anorexigene Wirkung und wird im Hypophysenhinterlappen ausgeschüttet. Es dient der **Reproduktion** und trägt vor allem beim **Geburtsvorgang** eine entscheidende Rolle. Beispielsweise fördert es die Kontraktionen des Uterus und bewirkt die Auslösung der Wehen- daher ist Oxytocin besonders für die Austreibung des Kindes entscheidend. Darüber hinaus sorgt es auch für die Nachwehen und löst später beim Stillvorgang die Milchejektion aus. Auch durch andere Arten von angenehmem Hautkontakt wie zum Beispiel durch Wärme und Massieren wird Oxytocin ausgeschüttet. Bei der Frau sorgt es dazu für die Kontraktion des Uterus während des Orgasmus und beim Mann bewirkt es die Kontraktion der Samenkanälchen. Aufgrund dessen gehen Studien davon aus, dass Oxytocin mit psychischen Zuständen wie etwa Liebe, Ruhe, Stressreduktion und Vertrauen zusammenhängt. Es wird daher auch als "Wehen- und Kuschelhormon" bezeichnet. [18] Darüber hinaus spielt es eine wichtige Rolle aus Neurotransmitter im Sozialverhalten, beispielsweise bei der Mutter-Kind-Beziehung. In Studien wurde herausgefunden, dass die Gabe von Oxytocin unter Anderem das Vertrauen in fremde Personen steigert oder es zur Reduktion von Stress und Angst kommen kann. Aktuell wird in klinischen Studien überprüft, inwiefern eine Kombination von Oxytocinapplikationen mit einer Psychotherapie den Behandlungserfolg bei psychischen Störungen beeinflusst. [19]

---

[17] *Ehlert* (2016), S. 24; *Hoyer/ Knappe* (2020), S. 226; *Karim/ Eck* (2015), S. 48
[18] *Brandes/ Lang/ Schmidt* (2019), S. 929; *Karim/ Eck* (2015), S. 48
[19] *Ehlert* (2016), S. 26-27; *Hoyer/ Knappe* (2020), S. 229-230; *Müsseler/ Rieger* (2017), S. 236

2.2.2 Somatotropin (STH)

Das Hormon Somatotropin (Wachstumshormon; engl. *growth hormone*, GH) ist hauptsächlich zuständig für die **Regulation** des **Wachstums** von Organen und des Skeletts (Knochen, Eingeweide und Muskeln) und fördert die für das Wachstum notwendige Synthese von Proteinen. Damit ist Somatotropin ein anaboles Hormon. STH wird im Hypophysenvorderlappen während des Schlafes gebildet. Im Jungendalter erreicht die Ausschüttung des Hormones ihren Höchststand. Ein Mangel an Somatotropin bewirkt im Kindesalter *Minderwuchs*, ein Überschuss führt zu *Riesenwuchs*. Ein STH-Überschuss tritt bei einem Tumor auf, welcher von Somatotropin- produzierenden Zellen gebildet wurde. Ist das Längenwachstum vollzogen, bleibt die Körpergröße gleich und es kommt zur *Akromegalie* (=gesteigertes, appositionelles Knochenwachstum) Dabei ist eine Vergrößerung von Nase, Kinn, Kiefer, Händen und Füßen weit verbreitet. Auch die Größenzunahme von Herz, Niere, Schilddrüse, Zunge oder Leber kann erfolgen, wodurch den Patienten eine verminderte Lebenserwartung zugeschrieben wird. [20]

2.2.3 Adiuretin (ADH)

Adiuretin ist auch bekannt als Vasopressin oder antidiuretisches Hormon, ist verantwortlich für die Senkung der renalen Wasserausscheidung und zielt auf die rasche Erhöhung des Wassergehaltes im Körper ab. Es wird überwiegend in der Nacht ausgeschieden und ermöglicht gesunden Erwachsenen ohne Bettnässen durchzuschlafen. Eine essenzielle Rolle spielt ADH auch bei der Entstehung von Durstgefühl und der Steuerung des Wasserhaushalts im Körper.

Bei Stress, Erbrechen, Angst und sexueller Erregung ist die Ausschüttung des Adiuretins gesteigert, bei Kälte hingegen herabgesetzt. Die Ausschüttung unterliegt daher psychischen Einflüssen. Ein Überschuss von ADH führt zur hypotonen Hyperhydration, ein Mangel oder fehlende Ausschüttung führt zu Diabetes insipidus.

---

[20] *Abderhalden* (2013), S. 107-108; *Brandes/ Lang/ Schmidt* (2019), S. 926-927

Diabetes insipidus hat zur Folge, dass Betroffene große Mengen an hypotonen Harn ausscheiden und aufgrund dessen bis zu 20 Liter täglich trinken müssen, um eine lebensbedrohliche Dehydration zu verhindern. [21]

2.2.4 Prolaktin (PRL)

Das Hormon Prolaktin wird ebenfalls als Laktationshormon oder laktogenes Hormon (engl. *proclactin hormone*, PH) bezeichnet und im Hypophysenvorderlappen gebildet. In erster Linie reguliert es die Funktion der Brustdrüsen und fördert somit dessen Wachstum und Tätigkeit. Ebenfalls spielt es einen großen Faktor bei der Entwicklung des Mutterinstinktes und hemmt den Menstruationszyklus der Frau während der Stillperiode. Die Ausschüttung des PRL wird durch Dopamin gehemmt. Dopaminrezeptorantagonisten werden beispielsweise bei Psychosen oder Übelkeit eingesetzt. Die Schwankungen des Prolaktingehaltes können während des Tages stark variieren, insbesondere in der Nacht sind die Prolaktinwerte im Blut erhöht. Eine gesteigerte Prolaktinbildung geht mit einer Erhöhung des Blutdrucks einher. (z.B. beim Stillen oder körperlicher/ psychischer Belastung) Die Bestimmung von Prolaktin kann bei einigen medizinischen Fragen aufschlussreich sein: Verdacht auf gestörte Funktion der Eierstöcke, unerfüllter Kinderwunsch, frühzeitige Pubertät, Virilisierung (Vermännlichung) oder Verdacht auf gestörte Hodenfunktion. Eine Erhöhung des Prolaktins könnte beispielsweise auf einen Tumor, eine Schilddrüsenunterfunktion, die Einnahme spezieller Medikamente oder Stress/ Belastung zurückzuführen sein. Für die Erniedrigung könnten medikamentöse Behandlungen mit Prolaktin-senkenden Stoffen oder Erkrankungen/ Funktionsstörungen der Hirnanhangsdrüse verantwortlich sein. [22]

---

[21] *Brandes/ Lang/ Schmidt* (2019), S. 929-930; *Karim/ Eck* (2015), S. 48
[22] *Abderhalden* (2013), S. 124-125; *Brandes/ Lang/ Schmidt* (2019), S. 927-928; *Öffentliches Gesundheitsportal Österreich* (2021)

Teilaufgabe 3

Die dritte und somit letzte Teilaufgabe dieser Arbeit setzt sich mit der Thematik Neurofeedback auseinander. Zuerst wird ein Überblick sowie eine Abgrenzung von Biofeedback bzw. Neurofeedback gegeben. Im Anschluss daran werden danach zwei spezielle Anwendungsmöglichkeiten von Neurofeedback erörtert.

3.1 Das Prinzip von Neurofeedback (NF)

Ein verbreitetes Verfahren, welches in der Behandlung von psychosomatischen Beschwerden eingesetzt wird, ist das Biofeedback. Dabei werden **körperliche Zustände** und Veränderungen meist in **akustischer** und **visueller Form** auf einen Bildschirm **übertragen**. Verschiedene physiologische Messgeräte können dabei zum Einsatz kommen wie z.B.:

- EKG (Elektrokardiogramm = Rückmeldung der elektrischen Aktivität des Herzens)
- EMG (Elektromyogramm; Rückmeldung der Muskelspannung)
- EEG (Elektroenzephalogramm; Rückmeldung der Hirnstromaktivität)

Im Allgemeinen soll der Patient versuchen, die physiologischen Parameter bewusst zu beeinflussen. Veränderungen von körperlichen Zuständen werden daraufhin rasch zurückgemeldet. Beispielsweise in Form von Tonsignalen oder grafischen Veränderungen auf dem Bildschirm. Ziel ist es, beim Patienten eine bessere Selbstwahrnehmung zu erzielen, dadurch auf körperliche Vorgänge Einfluss zu nehmen und somit verschiedensten Symptomatiken wie z.B. Migräne entgegenzuwirken. Weiters kann das psychische Wohlbefinden, welches bei chronischen Erkrankungen ebenfalls oft leidet, deutlich verbessert werden. Ein spezielles Anwendungsgebiet des Biofeedbacks ist das Neurofeedback (NF). Auf dieses Anwendungsgebiet wird sich diese Arbeit nun fortlaufend konzentrieren. [23]

---

[23] *Hoyer/ Knappe* (2020), S. 610-611; *Linden/ Hautzinger* (2015), S. 83

Das Neurofeedback hat sich in den letzten Jahren (synonym: *brain computer interface*, BCI) als therapeutische Methode erfolgreich etabliert und nimmt immer mehr an Bedeutung zu. Neurofeedback ist die **Rückmeldung** der **Hirnstromaktivität** (Elektroenzephalographie = EEG), es wird für das direkte Training der Hirnreaktion auf Reize eingesetzt. Durch das Training von NF soll der Patient lernen, die eigene Gehirnaktivierung in eine gewünschte Richtung bzw. einen gewünschten Zustand zu lenken. Es wird sowohl bei zentralnervös bedingten Störungen wie z.B. Epilepsie, als auch bei der Behandlung von Verhaltensauffälligkeiten wie z.B. ADHS angewandt. [24] Als psychologische Marker dienen die aktuelle Stimmungslage, beziehungsweise die Gefühle. Die körperlichen Parameter sind messbar, sowie beobachtbar. [25] Folgende Frequenzbänder lassen sich in der Gehirnstromaktivität nachweisen: Alpha, Beta, Delta und Theta. Die Delta-Aktivität weist auf Tiefschlaf hin, Theta-Wellen auf Schläfrigkeit, Alpha-Aktivität auf entspannten Wachzustand und Beta-Aktivität auf wache Aufmerksamkeit. [26]

Abgesehen von klinischen Anwendungen findet Neurofeedback auch Anwendung zur Leistungssteigerung beispielsweise im sportlichen, künstlerischen oder kognitiven Bereich sowie zur experimentellen Forschung. Üblicherweise sitzt der Patient dabei in bequemer Haltung vor dem Monitor. Dort sehen Patienten in vielen Durchgängen verschiedene Aufgaben. Ziel ist es, die langsamen Potenziale entweder zu negativieren, sprich die Erregbarkeitsschwelle abzusenken, oder zu positivieren, die Schwelle zu erhöhen. Feedback zu den jeweiligen Aufgaben gibt ein Ball auf dem Bildschirmmonitor. [27] Auch wenn Neurofeedback eine teilweise sehr effektive Methode zur Veränderung neuronaler Korrelate des Verhaltens und Erlebens ist, so gerät auch dieses an seine Grenzen. Ein großes Problem stellt unter Anderem zurzeit die unstandardisierte Evaluation der Effekte dar. Es ist daher noch schwer, spezifische von unspezifischen Effekten (z.B. Erwartungs- von Placeboeffekten) zu differenzieren. ForscherInnen sind jedoch bemüht, geeignete Standards zu erstellen, um damit wiederum den Stellenwert von NF im klinischen Kontext zu erhöhen. [28]

---

[24] *Enriquez-Geppert* (2019), S. 186; *Hoyer/ Knappe* (2020), S. 611; *Margraf/ Schneider* (2018), S. 574
[25] Vgl. *Bengel/ Mittag* (2016), S. 178
[26] Vgl. *Hoyer/ Knappe* (2020), S. 612
[27] Vgl. *Margraf/ Schneider* (2018), S. 574
[28] Vgl. *Kober/ Wood* (2021), S. 187

Wie bereits genannt, bietet Neurofeedback eine große Auswahl an Anwendungsmöglichkeiten. Zum Abschluss dieser Arbeit werden nun zwei spezielle Anwendungsgebiete genauer beleuchtet.

3.2 Neurofeedback bei Autismus

Die Autismus-Spektrum-Störung (ASS) beschreibt eine **Störung** der **sozialen Informationsverarbeitung** (Kommunikation und Interaktion) und stereotype, repetitive Verhaltensweisen. Meist liegt der Beginn schon in der frühen Kindheit. Typisch ist die fehlende Intuition in Bezug auf andere Menschen. Gestik, Mimik und Blickkontakt enthalten für Betroffene keinerlei Information. So kommt es häufig zu großen Schwierigkeiten in der sozialen Kommunikation und Interaktion. Die Intelligenz ist in den meisten Fällen durch ASS nicht beeinträchtigt. [29] Da Autismus eine komplexe Störung mit einer Vielzahl an verschiedenen Symptomen ist, sollte auch das Neurofeedback Training basierend auf den jeweiligen Symptomen ausgerichtet sein. Es gibt mehrere Indikatoren für genetische, hormonelle oder periphere Hirnanomalien als neurobiologische Grundlage. Daher existieren auch mehrere Behandlungsansätze und Therapien. Diese sind meist eher auf Betroffene im Kindesalter ausgerichtet.

Der **theoriebasierte Ansatz** geht davon aus, dass die Symptome durch eine Dysfunktion im Spiegelneuronensystem ausgelöst werden. Hier kann die Neurofeedback Therapie beispielsweise für die Modulation des Mu-Rhythmus (engl. *mu wave;* eine Gehirnwelle, welche mittels EEG gemessen werden kann) eingesetzt werden, um so eine Normalisierung des Spiegelneuronensystems zu erreichen. Eltern von Betroffenen Kindern berichteten nach der Therapie tatsächlich von einer Verbesserung der jeweiligen Symptome.

Ein anderer Ansatz ist das **Default-Mode-Netzwerk.** Dieses soll das Theta/Beta Verhältnis über die zentralen Elektroden reduzieren, um somit die Aktivierung des anterioren cingulären Kortex zu verstärken.

---

[29] *Linden/ Hautzinger* (2015), S. 481; *Prölß/ Schnell/ Koch* (2019), S. 137-139

Damit konnte eine Verbesserung der Theorie der Geistesleistung und der exekutiven Funktionen (= geistige Prozesse, die Verhalten, Aufmerksamkeit und Gefühle steuern) erzielt werden. [30]

3.3 Neurofeedback bei ADHS

Die Aufmerksamkeitsdefizit-/ Hyperaktivitätsstörung beginnt ebenfalls wie die Autismus-Spektrum-Störung in der Kindheit. Bis vor ein paar Jahren ging man davon aus, dass sich diese nach dem Kindes- und Jugendalter auswächst. Mittlerweile weiß man, dass sich diese (bei ca. jedem 2. Betroffenen) bis ins Erwachsenenalter ziehen kann. Die Kernsymptome sind **Impulsivität, Unaufmerksamkeit** und **Hyperaktivität**. Betroffene Erwachsene weisen häufig Konzentrationsstörungen auf, sind unorganisiert, sprunghaft, haben ein schlechtes Zeitgefühl und sind leicht ablenkbar. Während bei Erwachsenen eine eher innere Unruhe herrscht, so stehen bei Kindern physische Symptome im Vordergrund. Kinder mit ADHS zeigen einen Grad von Unaufmerksamkeit und Hyperaktivität auf, welche nicht ihrem Entwicklungsstand entsprechen. Beispielsweise ist es für sie schwierig, in der Schule aufzupassen, sie vergessen Dinge häufig oder verlieren sie. Beispiele für hyperaktive Verhaltensweisen sind Herumzappeln (z.B. Fußwippen), Herumfummeln oder übermäßiges Reden. Auch Impulsivität zählt zu den Symptomen. Dies äußert sich beispielsweise in Form von Dazwischenrufen oder anderen ins Wort fallen. Eine Vielzahl an verschiedenen Genen als auch diverse Umweltfaktoren (z.B. Rauchen/ Alkohol während der Schwangerschaft) können zu ADHS beitragen. [31]

Kinder mit ADHS weisen im Gegensatz zu gesunden Kindern Veränderungen im Spontan-EEG auf. Es zeigt sich eine vermehrt langsame Hirnaktivität (Theta-Wellen) bei gleichzeitiger Verringerung der relativen Alpha- und Beta-Aktivität im Frontalhirn. Durch Neurofeedback sollen Betroffene lernen, schnelle EEG-Aktivität zu entfalten und zeitgleich langsame Aktivität zu unterdrücken. Ein **Theta/ Beta Training** gibt Feedback über die Aktivität der Theta und Beta Frequenzbänder. Mit der Aktivierung des Gehirns soll somit die Reduktion des Aufmerksamkeitdefizits erfolgen.

---

[30] Vgl. *Friedrich* (2021), S. 175-177
[31] *Gerrig* (2015), S. 591; *Prölß/ Schnell/ Koch* (2019), S. 145-147; *Schnell* (2016), S. 3-4

Eine andere mögliche Strategie ist das **SMR-Training**. Hierbei soll der sensomotorische Rhythmus (=spezielles Hirnfrequenzmuster) verstärkt und Hyperaktivität verringert werden.

Mit einer konditionierten Erhöhung der SMR-Amplitude konnte beispielsweise erhöhte Aufmerksamkeit, verbesserte Konzentration oder eine Abnahme von Epilepsieanfällen erzielt werden. Vorliegende Studien und deren Ergebnisse zeigen, dass Neurofeedback zu einer Reduktion der Symptome Hyperaktivität, Impulsivität und Unaufmerksamkeit führen kann. Weiters wurde auch über einen messbaren IQ-Zuwachs berichtet. Mit NF kann eine Normalisierung des Spontan-EEG erzielt werden, was bei rein medikamentöser Behandlung nicht der Fall ist. Grund dafür scheint eine neuromodulatorische Wirkkomponente zu sein, welche über die Verhaltensebene hinausgeht. Auch eine langfristige Verbesserung der Symptomatik wie beispielsweise die Verbesserung der Lesefähigkeit bei Kindern ist bekannt. Nichtsdestotrotz sind weitere doppelblinde Studien notwendig, um etwa zu klären, welcher Anteil der Verbesserung der kognitiven Leistungsfähigkeit rein dem Neurofeedback zuzuschreiben ist. [32]

---

[32] *Blume* et al. (2020), S. 163-164; *Hoyer/Knappe* (2020), S. 612

Anlagen

◻ Tab. 7.1 Einteilung von Hormonen aufgrund ihrer chemischen Struktur

Hormonklasse	Hormon	Produktionsort
Protein- oder Peptidhormone	Releasing- und Inhibiting-Hormone, z. B. Kortikotropin- (CRH), Gonadotropin- (GnRH), Thyreotropin-releasing-Hormon (TRH)	Hypothalamus
	Oxytozin	
	Vasopressin	
	Orexine	
	Adrenokortikotropin (ACTH)	Hypophyse
	β-Endorphin	
	Follikel-stimulierendes Hormon (FSH)	
	Luteinisierendes Hormon (LH)	
	Prolaktin	
	Wachstumshormon (GH)	
	Thyreotropin-stimulierendes Hormon (TSH)	
	Thymopoetin	Thymus
	Glukagon	Pankreas, A-Zellen
	Insulin	Pankreas, B-Zellen
	Leptin	Fettzellen
	Ghrelin	Magen
	Cholezystokinin (CCK)	Dünndarm
	Atriales natriuretisches Peptid (ANP)	Herz
	Enkephalin	Nebennierenmark
	Insulin-like Growth Factor 1 (IGF-1)	Leber
Steroidhormone	Aldosteron	Nebennierenrinde
	Kortisol	
	Dehydroepiandrosteron (DHEA)	
	Testosteron	Hoden
	Östradiol	Eierstöcke, Follikel
	Progesteron	Uterus
Aminhormone	Melatonin	Zirbeldrüse (Epiphyse)
	Noradrenalin	Nebennierenmark
	Adrenalin	
	Trijodthyronin (T3)	Schilddrüse
	Thyroxin (T4)	
Arachidonsäure-Abkömmlinge	Prostaglandine	(Fast alle Körpergewebe)
	Thromboxane	
	Leukotriene	

Anmerkung: Die Tabelle enthält nur beispielhaft einige Vertreter der jeweiligen Hormonklassen. Eine komplette Liste aller endokrinen Botenstoffe wäre an dieser Stelle nicht angebracht. Auf eine Beschreibung der Hormoneffekte wurde bewusst verzichtet. Alle hier aufgelisteten Hormone haben vielfältige Wirkungen im Körper; ein Herausgreifen einzelner Effekte würde in aller Regel eine unzulässige Überbewertung und Vereinfachung darstellen

Anlage 1: Einteilung von Hormonen (Quelle: übernommen von Hoyer/ Knappe 2020, S. 226)

Literaturverzeichnis

Abderhalden, R. (2013), Lehrbuch der Physiologie, 1. Aufl., Berlin.

Becker-Carus, C. & Wendt, M. (2017), Allgemeine Psychologie, 2. Aufl., Berlin.

Bengel, J. & Mittag, O. (2016), Psychologie in der medizinischen Rehabilitation, 1. Aufl., Heidelberg.

Brandes, R., Lang, F. & Schmidt, R. F. (2019), Physiologie des Menschen, 32. Aufl., Berlin.

Blume, F. et al. (2020), Development of Reading Abilities in Children with ADHD Following fNIRS-Neurofeedback or EMG-Feedback In: Lernen und Lernstörungen, 9 (3), S. 163-174.

Ehlert, U. (2016), Verhaltensmedizin, 2. Aufl., Heidelberg.

Enriquez-Geppert, S. (2019), Neurofeedback aus der Perspektive der Neurowissenschaften In: Psychotherapeut, 64, S. 186-193.

Friedrich, E. V. C (2020), Designing a Successful Neurofeedback Training for Children with Autism Spectrum Disorder In: Lernen und Lernstörungen, 9 (3), S. 175-185.

Gerrig, R. J. (2015), Psychologie, 20. Aufl., Hallbergmoos.

Herbert, B. M. (2017), Spezialgebiete der Biologischen Psychologie, 1. Aufl., Studienbrief der SRH-Fernhochschule, Riedlingen.

Hoyer, J. & Knappe, S. (2020), Klinische Psychologie und Psychotherapie, 3. Aufl., Berlin.

Karim, A. A. & Eck, G. (2015), Biologische Psychologie, 1. Aufl., Studienbrief der SRH-Fernhochschule, Riedlingen.

Kober, S. E. & Wood, G. (2020), Möglichkeiten und Grenzen von Neurofeedback In: Lernen und Lernstörungen, 9 (3), S. 187-196.

Linden, M. & Hautzinger, M. (2015), Verhaltenstherapiemanual, 8. Aufl., Heidelberg.

Margraf, J. & Schneider, S. (2018), Lehrbuch der Verhaltenstherapie: Band 1, 4. Aufl., Berlin.

Müsseler, J. & Rieger, M. (2017), Allgemeine Psychologie, 3. Aufl., Heidelberg.

Prölß, A., Schnell, T. & Koch, L. J. (2019), Psychische Störungsbilder, 1. Aufl., Berlin.

Sadava, D., Hillis, D., Heller H. C. & Hacker, S. (2019), Purves Biologie, 10. Aufl., Berlin.

Schmithüsen, F. (2015), Lernskript Psychologie, 1. Aufl., Heidelberg.

Schnell, T. (2016), Praxisbuch: Moderne Psychotherapie, 1. Aufl., Heidelberg.

Von der Assen, C. (2016), Crash-Kurs Psychologie, Semester 1, 1. Aufl., Heidelberg.

Öffentliches Gesundheitsportal Österreich (2021), Prolaktin (PRL), https://www.gesundheit.gv.at/labor/laborwerte/hormonetumormarker/prolaktin, zuletzt aufgerufen am 30.09.2021.